平信徒が読み解く『創世記』と『イザヤ書』

矢内原忠雄、藤井武および
内村鑑三を通して

平本　潤

かんよう出版

まえがき

私は、一昨年の一二月に、拙い小冊子『中村勝己と矢内原忠雄』を自費出版しました。私の生涯の師であり霊における父である中村勝己先生（一九二四年〜二〇一三年、慶應義塾大学経済学部名誉教授）への計り知れぬご恩に対する感謝を表すためのものでした。そしてその小冊子を以下の言葉で締めくくりました。

最後に、私は、以下の先生のお言葉を、私への遺言として受けとめています。

ただ、とにかく『矢内原全集』二九巻を頭からお終いまで繰り返し繰り返し徹底的に読みくだくぐらいのことは誰かがもっとやる必要があると思います。『内村全集』についてもそうだと思います。それは誰でもできるという わけではないけれど、本を読むことがそれほど億劫ではない人はそうする義務があると思う。霞んでいたんじゃ駄目ですよ。しかし私はもう七十歳ですから、若い世代の人にその先をやってもらいたいですね。（『現代とはどういう時代か』江ノ電沿線新聞社、二〇〇五年、二六〇ページ）

私の能力では手に負えない大きな生涯にわたる仕事ですが、引き続き挑戦していく覚悟です。先生、どうかこのような私を天からお導き下さい。

このたび、私の能力では手に負えない大きな生涯にわたる仕事への挑戦の一環として、『矢内原全集』『内村全集』を頭からお終いまで繰り返し繰り返し徹底的に読みくだくことを、聖書講解を通して行うことを自身に課しました。そこには『藤井武全集（新版）』を加えました。これから書きしるすものは、そのささやかな作業報告書です。

『藤井武全集（旧版）』は、一九三一年二月より刊行され一九三二年一月をもって全十二巻が完結し、矢内原忠雄が、各巻の編集・校正、発送に心血を注ぎました（『矢内原忠雄全集29』岩波書店、一九六五年、八〇二ページ）。
中村先生は『藤井武全集（旧版）』について、師矢内原忠雄との十九歳の若き日の出会いを回想するなかで以下のように述べておられます。

翌昭和十九年の春に、私は自由が丘の家庭集会に入れて欲しいということを、別に誰かも紹介を受けることなく、自由が丘駅から睦坂を上がって、一人で先生のお宅に突然お願いに上がりました。それがちょうど土曜日でした。翌日の家庭集会の準備などおありだということも私は配慮することなくして、土曜日にあがったのですが、そうしたら「今日は忙しいから明日の晩にもう一度来たまえ」ということで、翌日伺いました。そうしたらすぐ上がりたまえということで、玄関の部屋で「君はどうして、キリスト教に関心を持つようになったか」とか、「どうしてぼくの家庭集会に入りたいと思ったのか」とか、いろいろ口頭試問を受けました。眼鏡越しにジロリッと見られました。それは恐いものでした。

その時私は『内村全集』とか、『藤井全集』などを読んでいるという話をいたしましたら、「君は『藤井全集』の第何巻が一番印象的だったか言ってみたまえ」と、それでなんと答えたのか、たぶん第一巻の『羔の婚姻』とか、第三巻の『預言者』の巻などを読んで非常に強い衝撃を受けた話をいたしました。それから「『内村全集』のどの巻を読んだか」と詳しく質問されました。門の外に出た時には気がつくともう冷や汗でびっしょりでしたけれども、その時は夢中で答えました。

（『現代とはどういう時代か』二一七～八ページ）

このような理由から、矢内原忠雄、内村鑑三に加えて、藤井武を選択したことをご理解いただきたいと思います。

前回同様、このような拙い書きものに対して、数々の助言をし、また労を厭わず校訂し小冊子に仕上げてくれた、今年で四十五年の親友となる、かんよう出版松山献社長に、こころより御礼申上げます。

二〇一六年　四月

平本　潤

平信徒が読み解く『創世記』と『イザヤ書』
―矢内原忠雄、藤井武および内村鑑三を通して―

目次

平信徒が読み解く『創世記』と『イザヤ書』

―矢内原忠雄、藤井武および内村鑑三を通して―

序　聖書のさまざまな読み解き方について

（一）加藤隆教授の読み解き方

聖書には、様々な読み方があることをいつも実感します。

最近読んだもののなかで、その鋭利な分析手法に驚いたものに、加藤隆千葉大学教授（一九五七年〜）の著作があります。講談社から一九九九年に出版された『「新約聖書」の誕生』という著作です。イエス死後のキリスト教が誕生する過程を、「分裂」と「権威」というキーワードでとらえてまるで歴史絵巻を見ているような読みごたえのある力作です。その内容を、私なりに少し長くなりますが以下にまとめてみました。

当初、イエスの信徒は、エルサレムを拠点とする多数派と、異端ないしそれに近い少数派に分裂していました。多数派である教会派は伝道に熱心でなく、異端であったパウロが書簡を書いたので、それに学んで多くの文書が作り始められました。

著者は、新約聖書がなぜ成立したかを正典の成立三〇〇年の歴史の中で鮮やかに明快に解き明かしていきます。すっきりした展開のドラマが描かれて、読者はまことに痛快な気分になります。

衝撃的な見解も表明されます。イエスは読み書きができなかったか、もしくはその可能性が高かったといいます。だから文書を残すことができなかったのです。したがって、弟子たちはその教えの内容を口頭で伝達していたのです。

その当時は、新約聖書なしにキリスト教は成立し存在していました。イエスの死後、弟子たちによって指導されているエルサレム教会の多数派は、当初迫害されず、少数派である異端派のヘレニストグループが迫害されても、多数派は異端派を助けませんでした。ヘレニストグループは、生前のイエスとの接触がなくイエスの言動について直に見聞きしたことがないため、詳細な情報を持っていませんでした。ヘレニストグループがそれを克服するために、最初の福音書であるマルコ福音書を書いたのです。イエスの権威は多数派である生前の直接の弟子たちが独占していたのでした。

直接イエスと接触がなかったパウロは、自己のダマスコでの回心の体験をもって、自分は復活したイエスの顕現を体験したのでそれを神の権威が直接示されたものと自身確信しました。このことは、多数派であるエルサレム教会の指導者たちの権威の独占をくつがえし、パウロに彼らと同等の権威を与えるものとなりました。

紀元一世紀半ば、反ローマ的気運が高まり、紀元六六年にユダヤ戦争が起きました。ユダヤ人の反乱はローマ帝国によって鎮圧されました。ユダヤ戦争の混乱の中で、エルサレム教会が実質的に消滅しました。更に紀元六四年からネロによるキリスト教迫害が始まります。それまではキリスト教徒はユダヤ教の一派と見なされていたため、ユダヤ教徒と同じ一つの集団として扱われており、迫害されるまでには至っていませんでした。なお、この時点で成立していた新約聖書は、マルコ福音書とパウロ真筆のいくつかの書簡だけでした。マルコ福音書は、キリスト教徒に流布していましたが、参考資料としての位置付けに留まっていました。別の福音書が必要となったのです。

ユダヤ戦争でエルサレム教会が崩壊し、ユダヤ的キリスト教の勢力が弱まるなかで、パウロ的教会がキリスト教世界で注目されてきます。それに呼応するかたちで紀元八〇年代後半、ルカ福音書が書かれました。パウロの活動が再評価され、その権威が次第に無視できない存在になっていくのです。パウロの権威は、もはやゆるぎないものとなりました。

信徒たちの世代は生前のイエスを知らないキリスト教徒世代へと移行します。ユダヤ教から伝わった聖書とキリストの言葉と使徒の宣教の三つの要素が、権威の根拠となりました。過去からの伝承を伝える意図だけが支配したのでなく、権威をめぐる派閥どうしの対立から多くの文書が、以降二〇〇年余にわたって書かれました。権威による精査の末にようやく正典が成立するのでした。

以上のように、紀元一世紀以降のキリスト教会の指導者にとって現世的現実であった権威争いの歴史的分析、それを新約聖書の書かれた経緯の中心にすえた、現代の史的分析の粋を集めた労作といえます。

さらに、著者は、パウロについて、信仰の要となる「罪」「義」「十字架」に関する考察をおこなっています。このように、新約聖書の作者たちが訴えかける信仰の神髄をとらえることも重要になります。新約聖書全二十七の文書において、信仰の真実を伝えようとする作者自身の存在を賭けた闘いがあったからです。そのことが、新約聖書の誕生における「権威」付与として働いたはずです。

しかし、加藤教授は、こういったことに関しては、あまり多くを語ってはいません。それは、本著作のプロローグで述べられているように、「新約聖書が全体として何が書かれているのかを簡単に紹介することは不可能で、各文書は多くの場合互いに相容れない立場が主張されていて対立している場合もある」という見解に基づくものと思われます。

にもかかわらず、私たち読者は、新約聖書の誕生当時の信徒たちの教派における「分裂」と「権威」の底流にある新約聖書の作者たちが伝えたかった信仰とはどのようなものであったか、そこに共通してつらぬかれたものは何なのかについてより深く思いをはせざるをえないのではないでしょうか。

（二）本田哲郎神父の読み解き方

加藤教授の「新約聖書は全体として何か統一的な主張があるのではない」という見解と対照的なものに、本田哲郎神父（一九四二年〜）の読み解き方があります。

本田神父はローマ教皇庁立聖書研究所を経て、現在大阪釜ヶ崎にて日雇い労働者に学びつつ聖書を読みなおす活動に取り組んでおられる方です。ご自身の著作のほかに、新約聖書の個人訳も世に出されています。

本田神父は、「どこに立って聖書を読むのか」と常に問い続けるのです。神父の真摯な問いかけを以下に引用します。

聖書を読む、あるいは聖書に学ぶということについて、わたしが言いたいことは一つなのです。どこに立って聖書を読むのか、ということです。どちら側に立って福音書を読み解いていくのかと言ってもいい。

（『聖書を発見する』岩波書店、二〇一〇年、一二三ページ）

この本田神父の問題提起は、聖書の歴史的学術的読解方法などを言っているのではありません。それは、イエスの思想と行動を自身どうとらえるのかという、私たちの生きざまにするどく迫る問いかけそのものなのです。

その問いかけの結論は、「貧しい者や抑圧された者の側に立ち、その痛みが分かり、かれらの一人として連帯し行動する神学」をもって聖書を読み解くということなのです。それは、自身の立ち位置を明確にして、聖書そのものと真正面から向きあうことを意味します。社会の矛盾に立ち向かう姿勢とともに、深く掘り下げられた福音理解がその底流にあります。尊重し敬愛すべき、まことにこころうたれる読み解き方ではないでしょうか。こういった神父の姿勢は、新約聖書の翻訳のなかに反映されています。
たとえば、本田神父は、マルコ福音書一章一四〜五節を以下のように訳されています。

ヨハネが捕えられたのち、イエスはガリラヤへ行き、神の福音を告げ知らせて、「時は満ち、神の国はすぐそこに来ている。低みに立って見直し、福音に信頼してあゆみを起こせ」と言った。(同、二七ページ)

このような、本田神父の訳に対して口語訳聖書は、以下の通りです。

ヨハネが捕えられた後、イエスはガリラヤに行き、神の福音を宣べ伝えて言われた、「時は満ちた、神の国は近づいた。悔い改めて福音を信ぜよ」。

口語訳聖書では「悔い改めて福音を信ぜよ」と訳されていますが、それを具体的に言い表すならば、「低みに立って見直し、福音に信頼してあゆみを起こせ」ということになるのです。

本田神父は、『小さくされた者の側に立つ神』（新世社、一九九〇年）、『続　小さくされた者の側に立つ神』（新世社、一九九二年）、『釜ヶ崎と福音』（岩波書店、二〇〇六年）などでも、イエスの思想と行動を、小さくされた者の立場から考察されています。「低みに立つ」ことこそが、聖書が書きしるしているイエスの思想と行動の基軸なのです。

また、本田神父は、フィリピ人への手紙二章六〜八節を取りあげて、「低みに立つ」とはどういうことなのか、さらに掘り下げて以下のように論じておられます。

神は天の高いところにおられる方と決まっていたなら、神が人間になったということは、神が低く降ってきたとイメージするしかないわけです。しかし、フィリピ書にそんなニュアンスはまったくありません。

フィリピ書が言うことをそのまま理解すれば、こうです。神には独自の在り方がある。つまり被造物であるわたしたちがふれることができない、どこにと特定して指さすこともできない、超越した在り方です。神はそれに固執しようとはせず、人間に分かる在り方、人間が見て聞いて、ふれることのできる在り方を取ってくださった。ナザレのイエスという姿を取ったということです。それは、上から下へへりくだったということではなく、神の仕事場での働きを、人間に分かるかたちで自己啓示されたということです。（同、五八ページ）

しかし、イエスが示し、そして聖書が一貫して伝えることは、神はそのような、いちばん小さくされてしまっている人たちの側から働くということです。上から下にへりくだる余裕があって、インテリであり、ギリシア語の新約聖書も読めますといった人たちにへりくだる仕方を教えるために、キリスト賛歌が書かれているのではありません。だれよりも人の痛みが分かる、そ

の人たちのところを神は仕事場にしていることを分からせるためです。(同、六〇ページ)

イエスは、小さくされた人々へ歩み寄って豊かさを施したのではないのです。小さくされた人々の一人としてともに行動したのだと本田神父はきわめて重要な指摘をしておられます。日本のカトリック教会の第二次世界大戦に対する当時の姿勢に対しても、それを批判して厳しく教会の戦争責任を問うているのです。それは、聖書を読み解く者がしっかり受けとめて、避けて通れない歴史的事実ではないでしょうか。

本田神父はかく訴えます。

アジア同胞の侵略と虐殺の旗印である日の丸を国旗としてかかげることに何の痛痒も感じず、君が代を歌って皇室を賛美することが差別の苦しみにある人の痛みを増すことになるなどとは思いもよらないことである。

残念ながら、こうしたキリスト者の無神経さの原因は、少なからず教会の福音理解の甘さにあると思う。愛し合うこと、和解すること、一致を大切にすることこそが福音の教えの帰結であるかのように錯覚して、それらの前提もしくは土台として神が要求している正義、痛みを共感するところから出る怒り、抑圧する者との対立、差別する側との分裂の福音的な価値を見過ごしている。これらの土台を欠いた愛はただの仲良しごっこであり、和解したつもりでもそれは不正を飲む妥協に過ぎず、一致を大切にしたつもりが体制への迎合に終わってしまう。聖書のことばは、耳に快いところだけをつなぎあわせて読むものではないだろう。(『続小さくされた者の側に立つ神』新世社、一九九二年、五ページ)

今日をふり返ってみても、戦争そして殺戮、飽くなき富への貪欲、貧富の拡大への無関心、原発災害、地球環境破壊、これほどまでに我欲に翻弄され傲慢にふるまっている私を含めた人類全体の行いに対して、聖書は根本的な転換、まさに本田神父が訳されたとおり「低みに立って見直し、福音に信頼してあゆみを起こせ」と訴えかけてくるのです。そして私たちは、その訴えを、現実社会の矛盾と対決し、生きる苦難と悲哀を味わっている小さくされた人として全身で受けとめざるをえないのではないでしょうか。私は、このような本田神父の聖書の読み解き方を深い共感と大いなる感銘をもって受けとめました。

本田神父の聖書の読み解き方は、さらに、なぜわれわれはイエスを唯一絶対に必要とするのかという問いかけを生みます。たとえば、野呂栄太郎（一九〇〇年～一九三四年）といった敬愛すべき戦前の非合法時代の日本共産党の理論的指導者がいます。当時の不公正な社会に対して異議を申し立てて病身をおして困難な活動を続けました。警察に逮捕され無残な拷問を受け若き命を奪われました。まさに「小さくされた人々へ歩み寄って豊かさを施すこと」もできた、慶応義塾大学小泉信三教授からも将来を嘱望された不世出の経済学者でしたが、あえて「小さくされた人々の一人」として政治的実践活動に身を投じて敢然と戦ったのです。私は、野呂栄太郎は「小さくされた人々の一人」として苦難の生涯を送ったと考えていますが、ただ、そこにイエスとの質の差ともいうべきものを見いださざるをえないのです。私たちには、小さき者の一人そして罪人として無実の死をとげた、それ以上の存在が必要なのです。その存在とは、自らわれらの罪を贖ってその罪を赦す者、そして再臨し審判する者なのです。それがイエスなのです。深くこころがゆり動かされて、このようなことにまで思いをいだかせる、今強く求められている読み解き方のひとつが、本田神父の聖書の読み解き方ではないでしょうか。

(三) 山浦玄嗣医師の読み解き方

もう一つ見のがせないものに、カトリック信徒であり聖書翻訳に精力的に取りくんでおられる山浦玄嗣医師(一九四〇年〜)の読み解き方があります。

日本語訳聖書には、日常語を用いた正確な翻訳がどうしても必要であるという主張は、とりわけ傾聴に値します。新共同訳聖書を原語にさかのぼって、信仰の内実を日常語に照らし合わせてその翻訳を見直す作業は、目から鱗が落ちるといってもよいくらい当たり前のことでありながら今まで見過ごされてきたのではないでしょうか。特に、福音書は、イエスが平易な日常語で語った出来事や比喩に満ちています。

山浦医師のような試練に耐えた信仰をもって聖書を読み解き、聖書の日本語を分かりやすい日常語に見直す作業は、今後の聖書翻訳においてきわめて大きな衝撃を与えていくのではないでしょうか。日本語での正確な翻訳は長期にわたる共同研究をも必要とする長い年月と労力を要する取り組みであり、一朝一夕に解決できないものなので、山浦医師が一人で取りくまれたことはまことに驚くばかりです。

翻訳の不正確さは、聖書の読解において致命的欠陥となることはいうまでもありません。聖書の原語が古代ギリシヤ語であるために、分かりやすくその内容を表現するには、日常語による翻訳によって訳すことがどれほど大きな意義をもつものであるか、いくら強調しすぎてもそれはしすぎるということにはならないでしょう。これから山浦医師によるその実例を紹介します。

マタイ福音書五章「心の貧しい人々は、幸いである」について「貧しい」は誤訳であり、「頼りなく望みなく心細い」が正しい翻訳であるとの指摘があります（『イエスの言葉　ケセン語訳』文藝春秋、二〇一一年、五〇〜五ページ）。

同じく、マタイ福音書五章での、「柔和な人々」は「意気地なしの甲斐性なしの人々」、「義に飢え渇く人々」は「やさしさをください、やさしさをくださいと、飢えるがごとく、渇くがごとくに求めて得られずにいる人」（同、六八〜七九ページ）などこれらの数多くの正確な翻訳への提言は説得力があります。

「愛する」は十六世紀の『どちりいな・きりしたん』での翻訳のように「大事にする」、「大切にする」という訳が正しいとの指摘（同、一一二〜七ページ）は、本田神父と全く同じ見解であることも申し添えておきたいと思います。

ただ、日常語に落としこむ際に、分かりやすくするために意味を限定しようとして選んだ言葉が、信仰の内実までをも左右してしまう危険性があるのではないかと感じたことも率直に述べておきたいと思います。その一例をあげてみます。

マルコ福音書の第一章第五節の「悔い改めて」について、原語であるギリシヤ語の「メタノエオー」は罪からの悔い改めに限定されないとの指摘があります。「こうした方がもっといいと気づく」と訳すこともできると山浦医師は主張されています（同、四四〜九ページ）。しかしこのように訳すと、逆に「罪を意識しない実利目的での行動様式の転換」程度に受けとめられてしまう結果になるのではないでしょうか。

日本語訳聖書の日常語を用いた翻訳の見直しについてはまことに歓迎すべきことだと思います。しかし、結果として、日常語の持つ、絞りこまれた分かりやすい具体性を持った表現が、「悔い改め」の翻訳で見られるように、信仰の質そのものを変えてしまうのではないかという杞憂かもしれませんが、そのような危惧を抱いてしまいました。

このことは、山浦医師は十分承知されており、自己の信仰にも照らし合わせて細心の注意を払って慎重に言葉の選択をされていると思いますが、非礼を承知であえてここに指摘させていただきました。

(四) 私はどう読み解きたいか

このように、多様な聖書の読み解き方があるなかで、私の思いを述べさせていただきたいと思います。

私たちは、自己の罪とそれを贖った主なるイエスの十字架の死を自覚し、また現実社会の矛盾と対決し、生きる苦難と悲哀を味わっています。しかし、幸いにも唯一絶対者としての神が導き示す真理が聖書には書きしるされているのです。この事実の重さを私はいつもひしひしと強く感じています。

自身の罪深さを深く悟り、主なるイエスの十字架をたてて、現実の社会と厳しく向きあい、おのれ自身とも社会とも激しく格闘した内村鑑三(一八六一年〜一九三〇年)およびその衣鉢を継ぐ者たちが、すべての拠り所としたものこそ聖書なのです。

そこに共通して現れでてくる聖書の読み解き方こそ、まさに私たちが学び取らねばならないもの、そして今を生き抜くためにどうしても必要不可欠なことではないだろうかと、私は問いかけざるをえないのです。

内村の衣鉢を継ぐ者たちとして、私はその愛弟子である藤井武（一八八八年〜一九三〇年）と矢内原忠雄（一八九三年〜一九六一年）を選びました。内村同様この二人は、主なるイエスの十字架を敢然とたてて福音を恥とせずに、現実の社会の矛盾に勇猛果敢にたち向かい、「悲哀の人」としてその高尚なる生涯を全うしました。内村のいう「読むべきものは聖書である、学ぶべきものは天然である、為すべき事は労働である（『内村鑑三全集13』岩波書店、一九三三年、二一三〜四ページ）」この言葉を生涯をかけてつらぬいた尊敬おくあたわざる先達たちでした。

これからこの三人の聖書の読み解きの旅を始めるにあたり、それぞれの引用文献を以下に明記しておきます。これらから引用するときは、引用文末尾の（　）内に、左記の（　）内の番号と頁番号を付すことにします。

『矢内原忠雄全集』（岩波書店、一九六三〜五年）
第10巻「創世記」①、同「創世記研究」①、第12巻「イザヤ書」②

『藤井武全集』（岩波書店、一九七一〜二年）
第3巻「創世研究」③、第2巻「預言研究」④

『内村鑑三全集』（岩波書店、一九三二〜三年）
第3巻「創世記研究」⑤、第4巻「イザヤ書研究」⑥
『内村鑑三全集』については、戦後版（岩波書店、一九八〇—四年）が編年のため、内容別分類による戦前版を利用しました。

一、創世記について

（一）矢内原忠雄の読み解き方

矢内原忠雄の創世記の読解には、三つの特徴を見てとることができます。第一は、その内容において科学的なものであること、第二は、聖書全体をつらぬく罪と救いの問題がそこにすべて盛り込まれているということ、第三は、悲哀に満ちた人生の深い真実が示されているということです。

第一の特徴である矢内原が創世記の記事が科学的であると考えた、その論拠について述べてみたいと思います。

まず、旧約聖書の創世記の初めに書かれている創造の記事が、創造の段階を順序を整えて記述しているので、その方法論において科学的であると考えることができる（①二二九）と指摘しています。

また、創世記は伝説に基づいて編集されているので、その内容は科学的なのです。創世記は、天地開闢よりヨセフの死に至るまでのイスラエルの古代史ですが、その性質上歴史そのものではありませんが、伝説に基づいている記述が多いというのです。

伝説は虚構とは異なって部分的に誇張はされていますが、そこに必ず事実がります（①一一）。歴史そのものではない部分があっても、伝説はその基礎となっている事件の事実性をしっかりととらえています。矢内原は、この事実性を科学性の揺るがない根拠としているのです。

創世記のどの出来事の記述が伝説であり、そこに事実性を見てとれるかについて、聖書講義「創世記」の二五回の講義（①一～二二六）のなかでも、その点を明示しています。その詳細は省略しますが、矢内原が事実性を確認できるとしている、すなわち科学的であるとしている主な事象や出来事を順に列挙してみましょう。

一、創世記について

一、天地創造伝説の由来（①一五〜八）
二、神の最初の創造物が光であること（①二五〜七）
三、植物の創造（①二八〜九）
四、日月星辰の創造（①二九）
五、エデンの地（①三八〜九）
六、カインとアベル（①五六〜六四）
七、ノアの洪水（①八五〜九六）
八、ノアの三人の子（①一〇二〜九）
九、アブラハムの裔の系図における正系と傍系（①一四二〜五〇）
一〇、ヤコブのハランでの生活（①一七〇〜八二）
一一、ヨセフによるイスラエル氏族のゴセンへの移住（①二〇二〜三）
一二、ヤコブの十二人の子（①二二〇〜三）

矢内原は、伝説としてのこれらの事象や出来事のなかに事実性を見たわけですが、その視点は、今日の学問の到達点から見れば当然不十分で未熟なものであると考えていました。しかし、創世記が書かれた当時の自然科学的認識と社会科学的認識の到達点により記述されたものと判断したのです。

種族の分化や狩猟、牧畜、農耕といった産業構造や文化については、その素材となる伝説の背後に歴史的に確実な事実を見てとり、今日の科学の水準から見ても十分な説得力のある記載であると考えたのです。天地創造については、そこに当時の自然科学的認識の粋が込められているという矢内原の見解は、ビッグバンの存在が明らかになった今日において、宇宙物理学の到達点から見ても、仏教的な輪廻ではなく、始まりと終わりのある歴史認識をもつ「光あれ」で書きだされた創世記の記述に十分な自然科学との整合性があることは明らかではないでしょうか。

創世記の人類誕生に至る天地創造の物語においても、創造を最初から完成された静的なものと見ないで、時間をへて変化していく動的なものとして扱っています。ダーウィンの進化論の思想をも内抱する科学的な記述であると矢内原は指摘しています（①二七三）。紀元前五世紀に編まれた天地創造の記事は、今日の科学から見るならば不完全であることは言をまちませんが、このように、被造物の世界に対する科学的認識に基づくものと結論づけています（①一七）。

被造物に対する認識が時代により制約を受けるものの歴史とともに発展していくという思想は、マルクス、エンゲルス、レーニンの史的唯物論の認識、人類の歴史の発展のなかでその認識の真理性が高まるという思想とほとんど一致します。ただ創造の目的の設定者と進化の原動力を神において見るという点において異なるということはいえるでしょう。

続いて、第二の特徴である罪と救いの問題について述べてみます。

アダムが犯した行為の結果、人類において罪と死とが免れないものになりました。それは善悪を知る樹の実そのものの効果であるということではありません。神の命令にそむいた不従順の効果ともいうべきものなのです（①二三五）。

罪と死という宿命を背負った人々の群像を、矢内原は、創世記に見ます。その群像は、多くが罪を犯しつつも神に愛された者たちなのですが、そのなかには数は少ないけれどもイエスの出現を予感させる祝福された者たちもいたのです。罪を犯しつつも神に愛される者たちを、矢内原は、順次紹介していきます。

信仰深いアベルを殺害したカインの物語を、矢内原は、殺人者の生命さえ愛しむエホバの恩恵の物語として読み解きます（①六一）。

アブラハムについては、子を得ようとしてハガルを床に招き入れたことを、信仰の忍耐を失った大失態と見ています。しかし、神はサラを懐妊させ、長い信仰の試煉と忍耐に報いてイサクを与えました（①一一八～一二二）。アブラハムは、それ以前にも、エジプトにおいて保身のため妻を妹と偽りました。これもまた怖しい信仰の危機なのです。そのアブラハムは、神の声を聞きエホバを信じた真実の人でもありました。神はそれゆえにアブラハムを守ったのです（①一一三～八）。

イサクもまた、妻リベカを妹と偽る父アブラハムと同じ過ちをゲラルに滞在している時に犯しました。しかし、神はこの夫婦を守ったのです（①一六六～七）。

盲目のイサクを欺いて、エサウより家督を詐取したリベカとヤコブ母子の恥ずべき行為を、イサクは赦しました。ヤコブの相続を認めたのです。これもまた神の導きであったのです（①一六〇〜二）。

ノアの洪水の物語は、個人だけではなく人類全体が、罪により死滅する運命にあった事実が述べられていると受けとめるべきだといいます。しかし、神は、堕落した人類をすべて滅亡に追いやってしまうのではなくて、恩恵により生き続ける裔を選び、信仰により神の義を保つものを生命の真清水たるべきものとして、わずかなものを生き残らせたのです（①七四〜六）。

創世記において、神は私たちにどのようなメッセージを残したのでしょうか。それは、今後長い苦難の旅路を経なければ私たち人類は救いを得ることができないという、歴史の教訓と信仰の厳しい現実を示したのです。しかし、その根底には常に神の聖なる恵みがあり、救いは得られるのだという希望が託されています。その希望を、矢内原は、創世記のなかのイエスに繋がる者たち、数は少ないものの、その者たちのなかに見いだしていくのです。

まず、イサクにイエスの予兆を見ました。柔和なイサクが、燔祭として神に捧げらようとして父アブラハムに伴われて薪を背負ってモリヤの山に登った姿に、ゴルゴダのイエスを重ねあわせて見たのです。神に対して従順にして、利を争わない無抵抗の神を信じきるその信仰態度を旧約の一等星とまで評したのです（①一六九）。

次に、矢内原がそのなかにイエスを見た人物は、ヨセフでした。兄弟に陥れられて捨てられ、エジプトに奴隷として売られ、また牢にまで繋がれたヨセフは、常に神に従順であるばかりでなく、己を迫害した兄弟の罪をその苦難の人生のなか赦したうえに、彼らを救ったのでした。ヨセフの生涯は、その形状においてまさにイエスの姿でした（①二一〇）。

矢内原は、このように、罪と救いを、創世記において底流を流れるつらぬかれた一本の太い線として、様々な群像のなかに鮮明に見たのです。そして罪を犯した人間であるにもかかわらず、われら人類を愛し続ける神の存在が厳然とあることを、創世記に描かれたその事実のなかで確信しました。イエスが現れるまでわれわれ人類はその罪の呪縛から逃れることができないのです。しかし、イエスの誕生を待つこと遥か以前に、創世記において、その出現の予兆がイサクやヨセフの中に秘められていました。矢内原は、この結論をパウロを借りて端的に以下のように述べています。

> この創世記における人類意識に着眼して、使徒パウロはキリストの救の人類的意義を明かにする。彼は先づ罪の普遍性を指摘する。曰く、
>
> それ一人の人によりて罪は世に入り、また罪によりて死は世に入り、すべての人、罪を犯しし故に死はすべての人に及べり。（ロマ書五の一二）
>
> パウロが繰り返して言つて居るところは、一人のアダムから全人類が分れ出でたといふ解釈を基礎にして居るのである。一人のアダムの行為と、それに対する神の審判の効果は、アダムの子孫である全人類に及んだのである。この結果として、「義人なし、一人だになし」、「律法の行為によりては、一人だに神の前に義とせられず」、「すべての人、罪を犯しし故に、死はすべて

の人に及べり」、といふ普遍的事実を生じた。（①二八〇〜一）

このように、アダムにより罪は人類全体に及びましたが、しかし神は人類を審きながらも見捨てず愛し続けました。その救いは、神がイエスを人類に与えたことでようやく実現することになります、イエス出現の予兆は、このように創世記のなかにすでにあったのです。これが矢内原の創世記の読み解き方なのです。

最後に、第三の特徴である悲哀に満ちた人生の真実を読み取ったことについて述べてみます。

矢内原にとって創世記の記述は、自身の生きた時代の体験を如実に連想させるものでした。アブラハムとメルキゼデクの会見がそれに当たります。アブラハムがカナンの地をシナル王アムラペルの侵入から防いだ時、サレム王メルキゼデクを歓迎し祝福しました。矢内原は、これを現在今まさに起きている事件として読んでいます。メルキゼデクの名は義を意味し、彼は義と平和の王にして祭司なのです（①二六二〜八）。戦前、侵略戦争である日中戦争に反対し、日本の植民地支配を批判しました、そのため、国賊の汚名を着せられて東京帝大教授の職を辞し世間から排斥されても、「平和と正義」を求めた続けた矢内原は、私たちにとってまさにメルキゼデクその人ではないでしょうか。矢内原は、アブラハムとメルキゼデクの出会いを、自身のイエス・キリストと出会いと重ね合わせていいます。その部分を引用します。

アブラハムが神を求めたのでなく、神の方からアブラハムを求め給うたのである。アブラハムがメルキゼデクを祝福したのではなく、メルキゼデクがアブラハムに祝福を与へたのである。

同じやうに、我らがキリストに出逢ふのは、キリストの方から我らの前に現れ給ふのである。我らが罪に悩み、悲哀にとざされ、人生の行旅に疲れ傷ついた時、キリストは彼の側から我らの前に来り給うて、生命のパンと十字架の血を以て我らを蘇生せしめ、我らのために至高の神にとりなし給ひ、かつ父なる神の御名によつて我らに祝福を与え給うたのである。さういふ意味において、キリストはまさしく我らのためにメルキゼデクの位にひとしき永遠の大祭司であり給ふのである。（①二六七）

ここにあるのは、罪に悩み数々の人生の悲哀を経験し人生の行旅に疲れ傷ついた時に、イエス・キリストが現れて自身の十字架の血をもって救いを与えたもうたという、矢内原の人生の体験そのものなのでした。そこには、主イエスは決して私たちを見すてはしないという矢内原から私たちへの強固なメッセージがこめられていることを見のがしてはならないでしょう。

また、矢内原は、神の聖手にゆだねた自身の生涯をヨセフの生涯とも重ねました（①二一一）。地上の事業には絶対的な善はありません。絶対的な善は神にのみあり、幸福は信仰にのみあります。地上の事業においては粛々と無心でその義務を果たすのみです。生涯において保つべきことは、信仰と希望と愛であることを、ヨセフの生涯は教えています。それは矢内原自身、長い人生の旅路をつらぬき通した精神でもあったのです。

（二）藤井武の読み解き方

藤井武は、創世記を何と直截的で端的に読んだことでしょう。まず、その迫力に圧倒されてしまいます。

藤井は、創世記は創造の目的に関する著述であるといいます。神を原型にそして神を理想とした生命、即ち人の完成について述べたものと読み解くのです。読解するというより強く主張するといった方が適切かもしれません。

真実一路、結論を下します。そして、私たちに訴えるのです。立て、進め、戦え、天地創造の目的のため、理想を高く掲げよ、生命の完成へ向けて、私たちを鼓舞し導く。創世記を通して、藤井は信仰のあるべき姿を明確かつ端的に語ったのです。雄渾な表現で示されたその信仰の神髄ともいうべき記述を、以下に引用します。

人よ、汝の理想を遠大にせよ。「汝の車を星に繋げ」。常に汝の嶺の絶頂を目指して進め。神は我等を至高所に携へんと欲し給ふ。我等をして完く彼に似たる者たらしめんと欲し給ふ。我等をしてキリストと共に彼の世嗣たれしめんと欲し給ふ。我等をして万物を支配せしめんと欲し給ふ。而して此絶大なる使命に適する者として神は我等を造り給うたのである。又我等が罪の為に一度び霊的生命を失はんとせしが故にキリストを遣りて再び之を完うすべき途を開き給うたのである。今や凡ての智慧と能力とは彼に在て限なく供給せらる。然らば何故に自ら卑下するや。何故に絶頂を目指さずして三合目五合目を以て満足せんとするや。何故に失望するや。何故に思ひ煩ふや。何故にためらふや。何故にキリストに信頼せざるや。立て、勇め、進め、常に頭を挙げて望みつつ限なく前進せよ。戦へ、凡ての強敵を迎へて戦へ、永遠の勝利を期して戦へ。神は汝をして独り戦はしめ給はない。汝の勝敗は神の最大の関心事である。神は天地創造の目的を完成せんが為に、汝の勝利を実現

せしめずしては已み給はないのである。（③三五）

ここで述べられている、人が万物を支配するという考えについて、それを人間の他の生物もふくめた自然に対する傲慢の現れと考えて、この結論を批判する立場も多いでしょう。それを西洋思想の底流にあるキリスト教の思想として、他の生物や自然との対等な融和という東洋思想の立場から批判することも多々あります。にもかかわらず、藤井が言をまげないのは、この立場は、自然を統制し我欲を満たすといった支配の論理を棄てて、われわれがふたたび霊的生命を得て、謙虚に神が与えた使命を全うしなければならないという決意があるからなのです。そこには傲慢とは逆の謙虚さが強く現れています。神に身をゆだねた者として自覚をもって戦いをはじめなければならないのです。神はその理想のために、選ばれた人類に、全地と全生物を治める権威を与えたのです。絶大なる使命がわれらに与えられています。その使命を果たすには、謙虚さが不可欠なのです。人の生命は宇宙より重いのです。これが、創世記第一章の教えるところであり、聖書全体が確認し高調する思想であるというのです（③二八～九）。

　また、藤井は、科学を聖書の比較の対象とし、どちらが真理を語っているのかを問い続けました。科学の立場は、生物においてその命の価値は平等であることを、藤井は十分認識していました。確定した事実とまで言っています。にもかかわらず、人には霊的生活という神から与えられた使命があるのです。人と他の生物は平等ですが、前述のように、人を他の生物と同等に置くことに、藤井は昂然と反対するのです。この姿勢は、神からの使命を忘れた現代の多数の識者の人間観を支えている現代の科学に対する藤井の挑戦といえるでしょう（③三一～二）。

　現代の科学を克服しようとする藤井の姿勢を、もう少し探ってみましょう。

　藤井は、科学を軽視する立場をとるのではありません。その証拠に、科学の立場に立って聖書を註解することが可能かという問題提起を、創世記において行っています。地質学の到達点と創世記の天地創造の記述とを比較対読しているのです。植物発生は古生代、水中生物および禽鳥は中生代、陸上動物の出現と人の創造は新生代、このように地質学は創世記第一章と多くが一致すると述べています

（③三七～四七）。

藤井の科学と聖書の比較は緻密です。たとえば、天地創造の記述において、三点をもって齟齬ありとしています（③四四～五）。第一は、地質学では動植物は古生代より地層にその化石を見ることができますが、創世記では動物はまだ出現していないことです。第二は、人類の発生の時期は地質学と創世記ともに新生代として矛盾はありませんが、いかに発生したかについては、生物学は進化の立場をとり創世記は創造によるとしていて、主張に天地の開きがあることです。第三は、地球の起源を宇宙物理学では星雲説もしくは隕石説を取るのに対して、創世記では混沌とした液体を起源としているということです。以上を指摘しています。

藤井が強調しているのは、科学と創世記との対決ではなくて、真実性においてそこに質的相違があるということなのです（③三〇～一）。科学は仮説により深化していきます。すべての仮説は、新しいさらに真理に近い仮説によって修正されて置きかえられていくのです。漸進的に真理に接近していきますが、真理そのものではありません。当時多くの人が真理と考えていたダーウィンの進化論は、分子生物学の発達とくに遺伝子ゲノムの解明が進むにつれて、生物の進化を裏づける理論として真理への更なる接近を続けています。そういった意味でも、藤井の科学と創世記を比較した結論の妥当性は、今日においても崩れていないといえるのではないでしょうか。創世記の記述は真実を裏切っていないのです。確かに、枝葉の部分では訂正を要するかもしれませんが、創造の目的が人の完成であるという記述は、永遠の真理なのです。

藤井は、創造の目的がどのよう成就されるのかを、創世記のなかから読み解いていきます。

藤井が強調するのは、創世記には神の御心による働きが一貫して流れているということなのです。アダムにより堕落した人類を、神は決して見放さなかったのです。恩恵としてエバに命を与えました。罪の中で、アダムは生を望み、エバが命を受け継ぐのです。藤井は、堕落したアダムに信仰の萌芽を見てとるのです。そして神への信仰はイエスの誕生へと受け継がれていきます。

エバにより始まった人類の滅びの運命は、イエスによりくつがえされ、滅ぶべき人類が永遠の生命を得るのです。ここにおいて真の意味での創造は完成します（③九一〜二）。罪なきイエスが、自己の聖き生命をもって罪の責任を引き受けることで、神は自らその責任を果たして、人類の罪は処分しつくされて人類を完全なるものとするのです。その時に人類は完成されるのです（③九三）。エデンの園より放逐された人類の結末を、藤井は以下のように述べています。

いやしくも自分の義をおもはず、かりそめにも自分の行為を算へず、夢にも自分の功を求めず、ひたすらにキリストの義を求め、ひたすらに彼を信じ、ひたすらに彼を恃み、彼に頼りて勝を得る者、彼の血におのが衣を洗ふ者、その者のみが幸福である。その者のみが楽園と生命の樹とを回復する（③九九）。

このように、藤井は、楽園と生命の木の回復すなわち人の完成は、キリストの義を求め信じたのむ者により行われると主張します。その者らは、虐げられる。彼らは、悲しむ者、柔和なる者、忍ぶ者、殺される者、しかし、死にてもなお物いう者、小さき群、そして、彼らは光の子なのです（③一〇一～二）。

救いにあずかるすべが自力によっては見いだせないという絶望、神の前での罪の自覚、そこには必ず神からの救いの手が差し伸べられて人は完成するという深い確信が、藤井にはあるのです。

（三）内村鑑三の読み解き方

旧約聖書および新約聖書全六十六巻の中で、創世記より大切な書はない（⑤一四）と断言しているところに、内村鑑三の創世記の読み解き方が集約されていいます。創世記には重要な事柄が網羅されていて、聖書全六十六巻において、まさに聖書要録たる地位を占めていると内村はいいます。

創世記は、天地と人類の伝記または歴史であり、神話やたとえ話といったたぐいのものではないのです。加えて、人類の始祖と同時に始まった堕落に対して差し伸べられた神の恩恵の記録という、聖書をつらぬく最も重要な事柄が明示されているのです（⑤一五～六）。

水産学を札幌農学校で専攻し科学を重んじる内村が、人類も含めた天地と万象の完成を記した創世記の第一章について、科学的研究を要しないとまでいうのは、天文学や地質学、考古学を引照してその内容を説明することはできるけれども、そのことをもって科学の書といってしまうよりも、人類救済の書であることの重要性のほうを強く訴えたい、その現れであると見てよいでしょう（⑤一七）。

光の出現についても、創造の自然科学的解釈を一旦離れて、それを真偽といった価値判断の基軸となる神による創造と見ています（⑤二一～四）。天地と生命の元始の記載であるとともに、それを超えて、人類の罪とその救済を述べた元始の書でもあると、内村は、創世記を位置づけています。

創世記記者について論じるなかで、「疑うのみにして信ぜざる哲学者の類にあらざりしは明らか」と彼を高く評価し、さらに「哲学によって主義を変えた人を知らない」という内村の主張（⑤三二）に注目したいと思います。

これは、懐疑的精神こそ人間理性の至宝とする現代文明への批判といえます。確かに人は苦難の中で懐疑の海をさまよい暗夜を行く。しかし神の愛と出会って初めて、懐疑の海に沈むことなく自身よってたつ確かなものをつかみ取るのだという内村の強い信念がそこに現れているのではないでしょうか。「確かなもの」を「信仰」と置きかえてもよいでしょう。

言い方をかえれば、人生の歩みは苦難の体験のなかで絶望に終始するのではなく、そこに愛心を見いだす、そのなかで希望が生まれるということではないでしょうか。懐疑や推論といった哲学的行為にのみ終始していては希望は見いだせないということです。これは内村の自身の体験からくる揺らぐことのない強い信念でもありました。したがって、創世記記者が神の存在について語るにつけて、それに対して論理だてた科学的解明を行わなくても、たとえ迷信として誤解されても、全く意に介することなく、自明的真理の宣言と受けとめると内村は公言しているのです（⑤三二）。

一、創世記について

こういった創世記の読み解き方は、矢内原とも藤井とも少し違ったニュアンスをかもしだしています。科学との調和を見る矢内原、科学を超えたものと主張する藤井、それに対して、創世記においてあえて科学を論じる事の必要を認めない内村と要約することは単純化しすぎでしょうか。

内村は、創世記を聖書における最も重要な書としたうえで、われわれが見すごしてはならない数々の重要な創世記での主張に注目しています。その主張を五つほど取りあげてみましょう。

第一は、安息日は全生涯におよんで連続しているという強い確信です。

創世記では、光と闇とを分けた第一日から六日に至る天地万象の完成の作業を終えた第七日が、祝福された休息の日です。それにならい、われわれも一週間のうち労働から解放される日として安息日を考えるのが通例なのです。

この定説に対して、内村は、エデンの園に始まり辛酸をなめつくした人類が、イエス・キリストにより救いを得たその時をもって、安息の時と考えます(⑤五五)。神を信じその救済にあずかった私たちは、身も霊もすべて神に捧げた結果、労働は労苦でなくなり、走っても疲れないで歩み続けてエホバを待ち望むことができます。全生涯が安息の連続という自覚がそこでは生まれているというのです（⑤五七）。

第二は、夫婦関係の重要性の強調です。

それは、人類の関係のなかで最も親密で、親子の関係をはるかにしのぐものと主張しています。妻に厚く父母に薄くあるべしというこの思想は、忠孝道徳を重要視する思想を否定するものです（⑤七二）。内村は、このように夫婦関係を述べるにとどめていますが、私たちは容易にその真意を見いだすことができるのではないでしょうか。創世記では、人とその妻は父母と離れて夫と結び合うとあるのです。それは、夫婦同伴して神と向きあうからです。夫婦の間に、神以外の価値が介在する余地はないということなのです。

第三は、労働の本質とその変容を明らかにしていることです。

労働は本来神聖で、幸福と快楽に満ちた神からの賜りものでした。しかし、人類が神にそむいた結果、労働が苦になりました。人類は奴隷と化して、労働を強要され、それが苦痛となったのです（⑤八一～二）。今日的に表現するならば「労働における疎外」の発生ということになるでしょう。罪がまねいた結果として、われわれは本来の労働の本質を見失ってしまいました。しかし、それは神との出会いにより回復されなければならないことなのです。

第四は、人類の堕落を文明進展の観点からとらえて、その是正を強く打ちだしているということです。

神の作った村落を堕落させて、人類はあらたに都市を作りました。都市では殺人が横行し、そこは罪悪の巣窟と化しました（⑤九八）。人口の増殖や富の増加は、敬神の念がなければ、最もいとうべきもので、人類を破滅はそこから生まれるといいます。信仰の伴わない物質文明は、大波乱を招き大いなる堕落をもたらすのです（⑤一一一～二）。

敬神の念がない悪人、それは剣と智と自己の正義を誇り、謙遜をもたぬ輩であると内村はいいます（⑤一二五～六）。その者たちの勢力が強大になっても、少数の義人が毅然とそれに対抗するならば、その社会には救いがあります。しかし、その少数の義人が、悪人と和して血縁関係を結ぶという妥協の選択をすれば、神がそれを許さないのです。かくして、神によりノアの洪水がもたらされたのでした（⑤一一五）。神は人類を破滅させますが、全滅に追いやることはないのです。あらたな義人により、社会を改造させるのです。その使命を負った義人が、まさにノアその人でした（⑤一一六）。

これは、革命を是認する論理の展開といえます。ただし、この革命は神が義人を用いて行うのです。したがって、他を制するに徳をもって行わなければなりません。力をもって威圧するのは野獣であり、軍人は社会を禽獣化していて、殺人の術にたけたものが宰相なり貴族となっています。こういった社会は本来の目的を失い、その社会においては、人が存在する理由もそこでは失われるのです。大洪水の到来の本質を、内村はそこに見たのでした（⑤一一九）。

第五は、われわれの救済の完成者であるイエスの出現の萌芽を、すでに創世記のなかに登場する三人の人物に見いだしていることです。

その三人とは、ノア、イサク、ヨセフです。彼らそれぞれにおいて、どのように主イエスの予兆を見いだしているのか、これから順に見ていきましょう。

ノアについては以下のとおりです。

イエスはノアの原型である、神はノアを以て小なる始めの世を救ひ給ひし如くにイエスを以て大なる終りの世を救ひ給ふのである、イエスの方舟に入るを得る者は其十字架の血を以て贖はれし者である、而してノアの救拯が禽獣昆虫すべて生ける物に及びしが如くにイエスの救拯はすべての受造物に及ぶのである、ノアの方舟の中に新天新地が含まれて有りしが如くにイエスの教会の中に新らしき天と新らしき地とは含有せらるゝのである、大審判が斯世に臨んで其制度文物、其誇りとする文明の産物が盡く滅び失する時にイエスの方舟の中に在る者のみ存りて之を以て新たなる世界が造り出さるゝのである、天然に法則あるが如くに神の為し給ふ所にも亦法則がある、罪熟し、悪其極に達して審判臨み、悪者と其手の工は滅さる、「然れど我等は其約束に因りて新らしき天と新らしき地を望み待てり、義その中に在り」とありて壊滅の中より新たに建設が始まるのである（ペテロ後三章十三節）、斯くて世の終末は其絶滅ではない、其改造である、更らに善き世の建設である、神は此法則に従ひて宇宙を完成し給ふのである。（⑤一六六〜七）

次に、イサクについては以下のとおりです。

アブラハムの一子イサクが神の独子イエスを代表し、モリヤの山に於ける彼の犠牲がゴルゴタの丘に於ける神の羔の贖罪の死を預言する者なる事は何人にも判る。（⑤二三三）

最後に、ヨセフについては、以下のとおりです。

ヨセフの生涯はイエスの御生涯の全体を示す者であると思ふ。イエスの御生涯と云ひて地上の御生涯ではない。神の子としての御生涯であつて、地上に始つて今は天上に於て継続さられ、永遠無窮の未来に於て完成せらるゝ彼れ独特の御生涯を預表する者であると思ふ。如此くに見てヨセフの生涯深い意味があり、又イエスの御生涯の普通人間の一生と全く其趣きを異にする事が判ると思ふ。即ちヨセフの伝を読む時に我等は復活以降のイエスの御活動に目を注がねばならぬのである。(⑤二三四)

ヨセフは実に小なるイエスである。そしてヨセフの兄弟が終に彼の救援に与からざるを得ざるに至りしやうに、イエスを十字架に釘けし彼の兄弟も亦終に彼の足下に俯して、彼の赦免と援助とを乞はざるを得ざるに至る時が来るのである。其時が即ち「主イエスキリストの日」である(ピリピ書一章六節)。(⑤二三五)

このように、内村は、ゴルゴタの丘に死し、罪人が悔いて彼の足下にふす、救い主たるイエスを、創世記の三人の人物のなかに垣間見たのでした。ひとりひとりは、救い主イエスには及びませんが、三人を総合することで主イエス出現の予兆を、そこに確実に見ることができるのです。

二、イザヤ書について

（一）矢内原忠雄の読み解き方

矢内原忠雄のイザヤ書の読解には、三つの特徴を見てとることができます。第一は、神の言葉が分かるとはどういうことかを明確に語っているということ、第二は、無効なる事のために努力することを神は求めるということを強調していること、第三は、親にそむいた子を引き返す神の愛への強い確信を述べていることです。

まず、第一の特徴である神の言葉が分かるとはどういうことかについて述べてみます。

矢内原は、イザヤを、世間から嘱目された秀才であったといいます（②四四）。しかしだからといって、秀才であるから簡単に神が分かるというわけにはいかないのです。そのためには「天来の閃光」がなければならないといいます（②四三）。唇を焼かれるような悲痛な体験が必要とされるのです（②四四）。そして、その体験ののちには、秀才として世間に認められていたはずのイザヤが、その発言でさえ世間から受け入れられなくなってしまうのです。

では、イザヤの主張とは、どういったものであったのでしょうか。ユダ国がアッシリアから攻められるなかでエジプトに助けを求めたときにイザヤが行った主張は、全く世間から無視され、かえりみられることさえありませんでした。矢内原は、それを以下のようにまとめています。

大衆に休息を与へよといふ言であります。主戦政策を取る為めには軍事費が多くかかりまして民衆に安息がない。民衆はその為めに精神的にも経済的にも休息を奪はれるのであります。疲れて居る国民に安息を与へよ、之が慰めだと神様がおつしやるのに、汝等は之を聞かない。汝等は馬を走らさう、飛行機を飛ばせよう、やれ軍艦だとか何だとか言つて、神の言を聞かないから、走るには走るが敵に逐はれて逃げ走るであらう（三〇の一六）。之に反して汝等が政治的には非戦平和の政策を取り、精神的には平静信頼の態度を取れば、それによりて汝等は救と力を得るのであると、之がイザヤの言でありました（②三五～六）。

このようにイザヤが主張しても、民衆は聞く耳を持たずに反発しました。ここ ろをつくして訴えた当たり前のことが、世間から拒絶されたのです。イザヤの心痛はいかばかりのものであったでしょうか。しかし、イザヤをこのような行動に駆りたてたのは、イザヤに神の言葉とは何かが分かってしまったからでした。イザヤが語ったのはまさに神の言葉そのものなのです。神の言葉をイザヤは分かってしまいました。矢内原は、それを以下のように説明しています。

聖書を何度読んだ、雑誌を何冊読んだ、集会に何年出たで、神様が解るわけではない。平素に薪を積むこと必要ではありますが、それが火となる為め

には、天来の閃光がなければなりません。即ち神様の直接の啓示により、或る時忽然として解るのであります。(②四三)

唇を焼かれたらどうなるかといへば、ただれて物が言へなくなるでせう。その事が必要なんです。それが罪が赦され、悪が取り除かれる為めに、どうしても必要なんです。即ち十字架にかけられて一度死ぬることが、罪の赦される為めには必要なのであります。そして唇を焼かれたあとには傷痕が残る。その事はイザヤの唇が神様のものとなつた印であります。(②四四)

次に、第二の特徴である、無効なる事のために努力することを神は求めるということについて述べてみます。

イザヤは、現世を深く突きつめて、当時紀元前八世紀の同胞たちの罪を責めました。その罪とは、富める者による貧しい者からの富の併合と収奪であり、酒宴享楽の生活であり、政治家の虚偽であり、学者の詭弁でした(②二九)。イザヤは、紀元七四〇以降六年間も訴え続けましたが、人々はいっこうに耳を傾けようとしません。イザヤは、神にそむく同胞たちへの神の怒りをどのように受けとめたのか、矢内原は端的に要約しています。

神の怒の杖は痛いが、併しその為に失望することはない。如何なる場合にも希望がある、といふのがユダ国に関するイザヤの預言の根本精神であります。（②五二）

ここに、神の歴史観ともいうべきイザヤ書が示す聖書の歴史哲学を見てとることができます。警世の労がたとえ現世においてはむなしく終わろうともよいのです。なぜならば、終末には神の審判がくだるからです。大多数の不信の同胞たちと僅かな自覚者であるイザヤ、その少数者こそ神がつかわした「遺りの者」なのです。矢内原もまた「遺りの者」として、以下のように「末の日の審判」を待ち望んだのでした。

然るに世界審判の末の日には神様が国と国の間のアンパイアでありまして、正義公平の国際政治が行はれるといふのであいます。従つて剣も槍も軍備は不必要となり、戦争は勿論、武装的外交だとか、武装的平和だなどといふ妖怪的な国際関係は全く消滅し、本当の国際間の平和が来る。それを我々が待ち望む。否、我々がそれを待ち望むのみならず神御自身がそれを目的として万国の歴史を導いて居られるといふ、之がイザヤの歴史観であります。

（②五二～三）

かくして大多数の不信の国民の中に於て、神に対する背きを止めて神に立ち帰る少数者を保存し給ふのであります。之が即ち「遺りの者」である。国民上下不信の政策と罪の生活の中に止る間にあつて、この遺りの者が神に対する信仰を有ち続くる事によつて、日本も救はれ、世界も救はれ、天地自然も救はれるのであります。米国と日本と支那と、三者相並んで地の上に於て神の祝福を受けるのであります。その事を我々は待ち望む。そして米国も支那もそれぞれ同じ様に考へてよいではないか。各国の「遺りの者」によつて、世界平和への希望を担つて行きたいものと思ひます。（②五八～九）

現世においては無効であることに対して、神に支えられて敢然と立ち向かうイザヤの姿を、矢内原は、まさに東京帝大を追われる二年前、自身と重ねあわせて見ていたと思います。一九三五年当時の暗黒の時代に敢然と立ちむかい格闘できたのは、矢内原の内にイザヤが泰然といて彼を鼓舞し続けたからではないでしょうか。

最後に、第三の特徴であるそむいた子に対する神の愛について見ていきます。イスラエルは神に従わず、したがって、イザヤの使命は、無効であることのために努力することでした。その苦痛と失敗の生涯を支えたのは、神に依り頼む者は勝つという信仰（②六七）だけではなかったのです。旧約の神は怒りの神であるといわれますが、矢内原は、イザヤが怒りの神を信じていたその姿を見るとともに、怒りとは正反対の愛の神を信じて静かに待つ姿も見たのでした（②四二六）。神の子たるイスラエルの悪業が甚だしく、神の怒りが強ければ強いほど父なる神の愛は激しく動くことを、イザヤは知っていたのです。神の愛を全身で受けとめてそれを信頼しきっているので、平静さを保つことができるのです。第二の特徴でもふれましたが、警世の労がたとえ空しく終わっても、終末の審判は必ず来ます。そして惜しむことなく神を信じて労した者たちに対して、神の愛は絶えることなく注がれるのです。イザヤはそのことを確信していました。イザヤは、神の愛に動かされたからこそ社会の現実を批判したともいえる。それを、矢内原は以下のようにまとめています。

親子の関係によつて神と国民との間柄をみたことが、イザヤの預言の一つの特色である。之はイエスが神を父と呼び給うたこととの先駆とも言ふべき思想である。

「子供を養ひ育てたのに子供が我に背いた。一体そんな事があり得るか。」之は神の憤りであると共に、神の憐みである。親が子に対する感情は、子供に対してどんなに怒つてるときでも、腹の底では子供を愛してゐる。子供をよくしたい、子供を救ひたい、さう思つて怒るのである。子供の悪が甚しきほど父の愛は激しく動き、国民の罪と神の愛との積が激しき神の怒となつて現れる。之がイザヤの見た、国民の罪を責め給ふ神の御心であつた。（②四一一）

この第三の特徴であるそむいた子に対する神の愛こそが、矢内原が、戦前戦後を通じて揺らぐことなく一貫して堕落した日本社会に求め続けた「平和と正義」という主張を、根底から支えたものではなかったのでしょうか。

(二) 藤井武の読み解き方

たとえ神が選びつかわした者であっても、一度は己に死んで神の恩恵により新たに生まれ変わるという体験を経なければ真の信仰を得ることはできないという事実を、イザヤ書は余すことなく描ききっているというのが、藤井武がイザヤ書で読み解いた内容の要約です。

矢内原同様、藤井もまた、時代の堕落と腐敗のなかで福音を恥とせず主イエスに従ったために、時代と格闘し苦悶し悲哀の生涯を送らざるをえませんでした。その藤井が、イザヤ書で最も強く共鳴したのは、イザヤも世間の辛酸をなめつくしたという体験の共通性よりも、苦難のなかで滅亡を予感しつつも十字架をたてたという事実でした。そこに信仰の本質を見たのです。

藤井は、イザヤと称する「見る人」が見た幻の記録という表現でイザヤ書をいい表しています。

偶像崇拝が横行し、道義が日々廃頽し、国民の精神が腐朽していた時代に、イザヤは日常的体験を超える異常な体験をしました。そこで、イザヤは、純化され高まり、十字架の信仰を勝ちとったのです。自然の境界線を越えて体感したこの事実こそが、われわれがイザヤ書において見るべき最も重要な事柄であると藤井は訴えているのです。その部分をここに引用します。

イザヤ書は異象すなはち幻の記録である。それは事実の記録なる歴史ではない、想像の記録なる小説でもない、思索の記録なる哲学でもない。すべて人間通常の経験からの産物ではない。異常なる状態に於ける意識の結んだ果である。心が高められ且つ高められて、遂に自然の境界線を突破し、通常の状態に於ては見るべからず聞くべからざるものを見また聞いた時のその経験の記録である。（④四〇）

なぜ、イザヤはこのような通常を超えた経験ができたのでしょうか。それは、人知、常識を超えた幻を神があえてイザヤに見させせたからとしかいいようのないものでした。

腐敗した時代にはびこる堕落した宗教、そこで健全なる宗教を取り戻そうともがき苦しむイザヤの叫びは、天には聞き届けられても地においては完全に退けられてしまうのでした（④四四〜五）。教会の会堂や儀式など世俗にまみれたものから飛び出し、清き流れの岸辺で野鳥と百合花に囲まれた自然のなかで、人格者たる神と出あえた事実（④四六）を、藤井は、イザヤの見た幻と表現したのです。

人生の岐路にたったイザヤが深い祈りのなかで得たもの（④四三）、それは、十字架をたてて神を仰ぎ見た者のみが実感できる確かな手ごたえなのでした（④五〇）。

イザヤと十字架の関係を、藤井がどのように見いだしていったかをこれから考えていきたいと思います。

「何故に人類の社会は、その甚だしき堕落を以てして、なおかつ滅びないのであるか」という深い問いかけが、藤井には常にありました。堕落し本来ならば滅亡すべき人類、しかし、彼らを滅ぼすことを神は決してなし給わない。神は、密かに少数者を選んで、彼らに地の腐敗をおしとどめさせるべく重き荷を背負わせるのです（④八五）。そして、神に選ばれた少数者は、決してこの世では成功をおさめることはありません。彼ら少数者は、世の腐敗をおしとどめるどころか世に受け入れることなくあざ笑われて、その腐敗した世間のなかで苦難の道を歩み、そして悲哀の人として深刻なる失望のなかで谷底に沈むのです（④一一一〜二）。

イザヤの生涯は、神に召されたことから始まりました。彼は、聖なる実在を見てしまったのです。その栄光が全地に満ちる聖なる万軍のエホバが、粛然として彼の腸に迫りました。その「粛然」にイザヤは撃ちぬかれたのです。

そして同時に、このことは、神の栄光を見たために、自分自身の真の醜い姿を露わにさせられたという衝撃的な体験をともないました。紛れもないこの穢れた己をまじまじとイザヤは見たのです。穢れた民の中に住む穢れた唇の者であるイザヤが、聖座に坐している万軍の王エホバを仰ぎ見たとき、そこには絶望の予感があり、それが彼の脊髄にまで沁みわたったのでした。このように、神を見て己に死んだイザヤの姿を藤井は書きとどめているのです。(④五三〜五)

聖なるエホバは、道徳的に純潔です。民は神にそむき地は穢れたために、万軍のエホバは怒りにより地を黒く焼き、民を火の燃えくさとなしました。「エホバの日」すなわち来たるべき「大審判の日」、その恐るべき日をイザヤは鮮やかに見て、絶望の予感を感じたのです(④六〇〜一)。イザヤの見た神の聖には、もう一つの事実がありました。

それは、焼きつくす火は、むしろ焼き浄める火でもあったということです。罪人を救うために、滅ぼすよりも困難な自らの犠牲を、神はイザヤに強く求めたのでした。イザヤは、ここでついに神の本質である救い体感しました。と同時に、己の汚穢がことごとく焼き浄められたと実感したのです。(④六二)

ここに、ひとたび己に死んで神に生きた、生まれ変わったイザヤの生涯の真の始まりがありました(④五四)。それは単なる再生ではありません。己自身がその汚穢のために焼きつくされたという厳しい神の審判を受けたのです。そして浄められたのです。そこには、己を贖いとして差し出し、その代償として得ることができた、神から恩恵である救済があったのです（④六四）。

藤井は、神による審判と救贖の崇高なるドラマをイザヤ書に見て、以下のように要約しています。

暗黒より光明へ、審判より救贖へ、かくのごときがイザヤの預言の型であった。

救贖の根本原理はどこにあるか。ひとりの人格にある。ひとりの人格が現はれてすべての善きものをもたらすであらう。赦免も復活もその他の祝福もみな彼の営みであるであらう。救主のあるところに救はある。この故に救の源なる救主の出現は、イザヤ預言の主要なる題目とならねばならなかった。（④六七）

救主を見たイザヤは、それに従うしかありませんでした。そして、そこに確固

たる己の十字架をたてたのでした。その部分を藤井は以下のように述べていま
す。

ただ肯ひ従ふ事、ただ拒み背かない事である。絶対的恩恵と単なる肯従との交換、それが信仰である、救である。

恩恵は絶対的である。緋の如き罪も雪の如くせられる。併しそれは神が罪を看過したまふからではない、否、断じてさうではない。罪の処分は最大の問題である。罪人は無代価にしては贖はれない。ただその価を罪人に払はしめざらんが為に、神みずから之を払ひ給ふまでである。贖ひの代価如何。絶対的恩恵の蔭にこの大なる問題が潜んでゐる。（④四九）

十字架が立てられる時にこそ其脚は人生の深き底にまで徹して、確かなる手答を聞くことが出来る。十字架なしに健全なる宗教はない。重ねていふ、ゴルゴタを経てオリブへ、死を経て生へ。（④五〇）

このように、藤井は、イザヤの生涯を通して、己が罪により焼きつくされた結果、神の恩恵によって得られた十字架の信仰について、わがこととして深く実感したのでした。

(三) 内村鑑三の読み解き方

内村鑑三は、簡潔にして雄渾な筆使いで、わずか三百字でイザヤ書を見事に要約しています。それは、足らざるところなくかつ余りたるところもない、必要にして十分な記述といえます。それは、以下のとおりです。

イザヤ書は聖書中最大の書である。

そして其教ゆる所に至つては、其深刻なる点に於て或は羅馬書に及ばずと雖も、其規模の宏大なる、其思想の荘厳なる、其言葉の優美なる、到底他の書の及ぶ所でない。イザヤ書に親まずして聖書の雄大優美を知る事は出来ない。聖書は世界最大の書であつて、イザヤ書は最大の聖書である。若し羅馬書が聖書の中心であるならば、イザヤ書は其本体である。旧約聖書はイザヤ書に於て其絶頂に達し、新約聖書は其源をイザヤ書に於て発して居る。イザヤ書を知らずして聖書は解らない。旧約と新約とは其中にある。モーセの律法とキリストの福音とはイザヤ書に於て合体する。イザヤ書は全聖書を縮めたる書と見て間違はない。(⑥四〇五)

イザヤ書が聖書中最大でありその本体であるのは、この書によってイエスの理想をわれわれは発見し、なによりも「イザヤ書の実行」をイエスがその生涯の目的とした事実があるからだと内村はいいます。キリスト教は、イザヤ書によって起こったのです。イエスが「聖書」という場合それはイザヤ書をさしました。(⑥四〇六〜七)。

内村は、イザヤ書の理想をイエスの理想と同等のものとして、その内実を語っていきます。イザヤ書最大の理想は、救いの実現にありました。イザヤ書一章一八節に、「罪は緋のようであっても」とあり、また六章三節には、聖なる万軍のエホバのもとで、われらには必ず救いがあること、その確信を述べています。イザヤ書九章一～二節では、苦難を受けている厳しい状況の中で、救いを求めているイザヤの姿があります。イエスもイザヤも、ともにわれわれに救い施す存在ですが、神御自身が救いを司り給うのです。われわれは神に救いを求めて祈ります。そして神により救いは約束されるのです。内村は、以下のように述べています。

希臘語のイエスは希伯来語のイエシユア又はヨシユアであつて、「ヨ（エホバ）は救なり」の意である。イザヤの名も亦同じである。「イザヤ」は希伯来語のエシヤイヤーを希臘語に直した者である。そしてエサイヤーはエシヤイヤフー（Ye-shayahu）の略語であつて、「エホバ（Yahu）救拯を施し給へり」との意であると云ふ（デリッチに依る）。故にイエスと云ひイザヤ

と云ひ其意味は大略同じである。即ち「救はエホバに在り」との意である。(⑥四一一)

そして神(エホバ)よりもたらされる救いは、決して自分の力によるものではありません。神ご自身が、われわれを憐れんで救い給うのです。それは、神からの恩恵なのです。感謝以外のなにものでもありません。神にのみに頼るのです、その時われわれは、救いを求めての神に祈りをささげるのでした。(⑥四一三〜四)

救いを求めての神に祈る時、自分自身の深い罪への自覚がともないます。われらの救いは、神の正義と審判をへて、ひとたび罪の自覚により己自身が焼きつくされて初めて、神が差しのべた救いによって、赦されることにあるのです。

イザヤが罰しイエスが赦すのではありません。イザヤもイエスも同じなのです。ともに神に代わって、われらの罪を責め罰し、そして赦し恩恵をもたらすのです。これこそが、罪深いわれらにとっての福音です。内村は、この事実を以下のように述べています。

預言者は神に代わりて語るものであるが故に、彼の正義と審判を述ぶると同時に其恩恵と赦免を伝ふ。神は預言者を以て我等の罪を責め、キリストを以て之を赦し給へりと云ふは大なる間違である。キリスト御自身が人の罪を責め給うた。預言者も亦多くの場合に罪の赦免の福音を伝へた。預言者は、怖い者、イエス様は優しい方と云ふ者は、預言者をもイエス様をも知らない者である。パウロ曰く、神の仁慈と其厳粛とを見よと（羅馬書十一章廿二節）。神に代りて語る預言者に仁慈と厳粛との両面がある。我等はイザヤ書第一章に於て既に罪の赦しの福音を明かに読むのである。曰く、汝等の罪は緋の如くなるも雪の如く白くなり、紅の如く赤くとも羊の毛の如くにならん（十八節）と。（⑥四一五）

イザヤは、イエスのさきがけであり、新約聖書の具現者であると内村はいいます。そして、このことこそが異象であると断じています。

ダマスコの途上でパウロがイエスを見たように、イザヤも神を見ました。それは、夢であり幻であり画または活画、そして蜃気楼のようなものでした。

イザヤの人生観は変わったといった表現ですまされるような生やさしいものではありませんでした。強烈に焼きつけられ、全人格が神に捕らえられ、全身を電流が駆けぬけた体験を、「イザヤは異象を見た」としか表現できなかったのです(⑥四二五〜六)。

イザヤの見た異象は、神の聖意である平和の実現した世界でもあります。それは、最後の審判の日でもある末の日までは、事実としては成就しません。

言を見る者、神の聖意を生々したる事実として見る者、其者が預言者である。

そしてイザヤは茲に彼の愛するユダとエルサレムに就て美はしき夢を示さ

れた。それは「末の日至らん時に」事実と成りて現はるゝ事であると云ふ。二節以下四節までの言がそれである。実に美はしい言である。預言其物が絶大の詩である。何人も之を読みて終生忘るべからざる印象を受けざるを得ない。殊に忘れ難きは第四節の言である。

斯くて彼等はその剣を打ちかへて鋤となし
その槍を打かへて鎌となし
国と国は剣を挙げて相攻めず
また重ねて戦争の事を学ばざるべし

と。実に美くしき偉大なる夢である。(⑥四三三〜四)

神が預言者に示した世界の平和は、たとえ「末の日」にしか実現しえない異象であっても、それは、神が熱烈に求めるものなのです。したがって、神が求めたいかなる事態においても武器をとらないという絶対平和の信念をひとたび得た内村は、揺らぐことのない確信をもってそれを生涯つらぬき通すのでした。

また内村は、イザヤ同様、都会において戦争を見、田舎において平和を見ました。このことは、今日においてもきわめて重要な意味を持っています。

「神は田舎を造り人は都会を作れり」、「世界的平和は自作農業の発達を促す」、「末の日に神の国が地上に建設せらるゝ時には、東京、大阪、名古屋と称するが如き人間の集合地は跡を絶ちて、之に代わるに全国に渉る小地主の自作農業の繁栄を見るだらう」（⑥四三五）このような内村の卓見は、イザヤが現在生きているなら、今こそ荒野において呼ばわるであろう神の声であることに間違いありません。

あとがき

矢内原忠雄、藤井武、内村鑑三を通して、聖書を読み解くことを、ここでひと区切りつけたいと思います。ここまでを前篇とさせてください。

四十二歳で早逝した藤井武が、聖書講義といえるもの、断片でないまとまった形でのこした書は以下の通りです。旧約聖書では、創世記、サムエル記上下（ダビデ研究）、ヨブ記、詩篇、イザヤ書、エレミヤ書、哀歌、エゼキエル書、ホセア書、アモス書、ミカ書、ナホム書、ハバクク書、ゼパニヤ書、ハガイ書、ゼカリヤ書、マラキ書、以上十八書。新約聖書では、四福音書（イエス伝研究）、ロマ書、ヨハネ黙示録、以上六書です。聖書全六十六巻の多くを講義し註解した内村鑑三や（内村鑑三全集第3巻～第7巻、岩波書店、一九三二年～三年、に所収）、主要書を「聖書講義」としてまとめあげた矢内原忠雄（矢内原忠雄全集第6巻～第13巻、岩波書店、一九六三年～四年、に所収）と量的に異なるところです。藤井武が遺したものだけでも、すべて読み解きたいという捨てがたい思いがあります。しかし、残念ながら非才浅学の私には、それをなしとげるには膨大な時間を費やすことになります。

したがって、ここは旧約聖書の読解にひとまず別れを告げて、本丸へと信仰の戦いの駒を進めたいと思います。次は、新約聖書に挑戦していこうと思います。四福音書、そしてロマ書に向けて、信仰の戦いを進めていきます。これを何としても完成させて、後篇として書きあげることができれば、このうえない喜びです。

著者紹介

平本　潤（ひらもと・じゅん）

1957 年　奈良市生まれ。
1975 年　大阪星光学院高等学校卒業。
1980 年　慶応義塾大学経済学部卒業。
　　　　ユニチカ株式会社入社。
現在、株式会社クロスユーアイエス　代表取締役社長。

平信徒が読み解く『創世記』と『イザヤ書』
—矢内原忠雄、藤井武および内村鑑三を通して—

2016 年 5 月 1 日　発行

著　者　平本　潤

発行者　松山　献

発行所　合同会社 かんよう出版
〒550-0002 大阪市西区江戸堀 2-1-1 江戸堀センタービル 9 階
電話 06-6225-1117 FAX 06-6225-1118　http://kanyoushuppan.com

印刷・製本　有限会社 オフィス泰

ISBN978-4-906902-70-5　C0016　　Printed in Japan